LES PRODIGIEVSES

ET MONTRVEVSES AP-PARITIONS QVI SE SONT

veües & apperceües au commen-cement de ce present mois de No-uembre 1623. en diuers endroicts de ce Royaume de France.

A PARIS

Chez IEAN MARTIN, demeurant ruë de la vieille Bouclerie, au gros Tournois.

M. DC. XXIII.

LES PRODIGIEVSES ET

MONSTRVEVSES APPARITIONS qui se sont veuës & apperceuës au commencement de ce present mois de Nouembre, en diuers endroicts de ce Royaume de France.

Eux-là se trompent lourdement, qui ne voulant donner foy qu'aux choses qui sont visibles à leurs yeux, osent nyer & soustenir d'vne effrontee opiniastreté, que les prodiges qui se voyent & apperçoyuét, sont pures resueries & fictions, enfantees dans les ceruelles dérimbrées de quelques personnes qui s'esgay ét à repaistre les hommes de telles sornettes controuuees. Et bien que semblables gens ayént les plus braues & approuuez escriuains pour tesmoins & deffenseurs de l'affirmatiue, neantmoins leur incredulité (vice le plus pernicieux qui se puisse loger dans l'esprit) leurs donne tellement la berluë, qu'ils demeurent les yeux esblouys dans la plus grande clarté de la verité, & sont au contraire clairs-voyans dans les tenebres, plus que simmeriennes de leur opiniastrise. Le genre humain que Zocrate dit estre bien hardy, se garderoit bien d'entreprendre tels ouurages qui vont au delà de la nature, ce ne sont pas preuues de la puissance diabolique qui sçait plus, & se sert mieux des merueilles de la nature que les hommes, mais bien d'vne puissance toute diuine, qui seule opere les merueilles au Ciel & en la terre, lesquels quoy que grandes, admirables & incomprehensibles, ne sont que ieux d'enfans; Laissons donc à part ces ames incredules, croupir

dans l'obscurité de leur obstination,
pour reprendre le fil interrompu du
discours de ces prodiges qu'vn chacun aduouë & confesse n'estre iamais
arriuez sans estre comme auant-cou-
rier de quelque signalé bon-heur ou
mal-heur. Ansi procederent des si-
gnes, la venuë & naissance du verbe
incarné, par l'apparition de trois So-
leils, qui apres retournerent tous en
vn. Vne Fontaine d'huille d'vne li-
queur fort souueraine, iallir à gros
boüillons, a donné durant vn iour &
vne nuict, vne femme reuestuë de
blanc, tenant son enfant entre ses
bras parut au milieu de l'Arc en Ciel,
comme il fust monstré à Auguste.
Les Histoires prophanes en sont
toutes remplies, le Coriphee de l'Hi-
stoire Romaine, Tite Liue, ne rap-
portent iamais quelque accident
nouueau, qui n'ait esté presagé par

quelques prodiges, comme quãd ce
Capitaine Cartaginois Anibal, rõpit
& deffit en bataille le Consul Flami-
nius proche le Lac de Trasimene on
remarqua euidemment deuant le
combat, que les eauës de ce Lac a-
uoient repoussé ces flots contremõt;
Le mesme Historien escrit qu'au pa-
rauant la deffaicte qui se fist des Romains aupres de Cannes, l'on vit à
Dome plusieurs prodiges, entre autres que la statuë de Pallas auoit brá-
lé sa iaueline de soy mesme, & apres
qu'elle estoit apparuë toute ensan-
glantee; en ce temps-là mesme que
le Ciel fist pleuuoir des pierres & du
sang, le Soleil s'estant vn peu deuant
voilé & esclipsé, comme voulant cõ-
patir & cõdouloir à vne si funeste &
fatale iournee, pour les Romains;
Mais sans s'amuser à fouïller les pan-
cartes de l'ãtiquité; Qui a iamais veu,

ou ouy chofe plus miraculeufe que
le cheual de S. George que l'on a en-
tendu hannir deux fois, & qui eftoit
deuant l'Autel Noftre-Dame à Con-
ftantinople, n'eftoit ce pas vn prog-
noftique de cefte defplorable perte
que les Chreftiens ont faicte de cefte
fameufe ville, contre la race infidelle
des Ottomans, & depuis qui n'a ouy
parler de cefte cloche qui eft au Royaume d'Arragon, qui ne s'eft renduë
pas moins miraculeufe, en fonnant
fans eftre touchee, esbranlee n'y tiree
de perfonne, cependant elle n'a iamais fonné fans refueiller les plus
endormis, elle fonna lors qu'Alfon-
ce cinquiefme d'Arragon alla à Na-
ples, pour y faire la guerre, lors que
Dom Sebaftien Roy de Portugal,
perdit fon armee, compofee de trois
cens voiles, en Affrique, qui fuft deffaicte par les Mores; Elle fonna auffi

lors que Charles V. mourut, &
aller emprunter des nations eſtran-
geres des preuues de noſtre dire, qui
eſt celuy ſi petit ſoit il qui n'aye veu
à yeux ouuerts ce miſtere, & ceſte
comette qui a apparu ces annees paſ-
ſees ſous noſtre hemiſphere, combien de guerre, de peſte, & de mal-
heurs portoit-elle au bout de ſa lon-
gue queuë, combien de fois a on veu
blanchir les campagnes d'oſſemens
des tuez, tant en France, en Boheme,
en Hongrie, & autres endroicts de
l'Europpe. Mais bien que tels acci-
dens arriuent aſſez, nous n'en de-
uons pourtant diminuer l'admini-
ſtration n'y la reuerance, comme il
eſt arriué au commencement de ce
mois de Nouembre, en quelques
endroicts de ce Royaume, aſſeurez
par les lettres que pluſieurs ſeigneurs
de marque & de foy, en ont receu de

leurs

leurs plus confidens amis.

Le deuxiefme de ce mois iour de-
dié pour les prieres qui fe font pour
les ames des trefpaffez, à Muret proche Thouloufe, vne femme ayant
demeuré trois iours entiers en tra-
uail d'enfant, fut enfin deliuree auec
l'eftonnement d'vn chacun, apres
auoir engendré deux creatures fans
vie, toutes deux differentes, l'vne
ayant le vifage retourné du cofté des
efpaules, & l'autre les efpaules du
cofté du vifage, chacun auec vn bras
& vne iambe, l'vn ayant le bras d'ex-
tre, & l'autre la iambe gauche ; ce
mefme iour en vne grotte vn peu
efcartee de ce mefme lieu, on enten-
dit à plufieurs reprifes des voix en-
trecoupees qui faifoient retentir l'air
circonuoifin, par diuerfes lamenta-
tions, reffemblant tantoft à la voix

humaine, tantoſt au meuglement
d'vn Taureau.

Le lendemain en vn autre lieu
nommé Caumon ſur le Tarc, l'on
apperceut au Ciel ſur les onſes heu-
res du ſoir, vne femme d'vne grandeur prodigieuſe, portee d'vne viteſ-
ſe extreme parmy l'air, tenant d'vne
main vne torche ardente, qu'elle fai-
ſoit flamber à l'entour de ſoy, elle ſe
fit veoir en pluſieurs endroicts auec
ceſte poſture, puis reprint ſa routte
où elle s'eſtoit premierement apparuë, mais d'vn autre maintien ; Puis
ſe perdit dans vne forreſt, dans la-
quelle elle s'alla fondre auec impe-
tuoſité, ce qui a rendu ce paſſage
moins frequenté, à cauſe des apparitions & heurlemens qui s'y voyent &
retentiſſent iour & nuict.

Le quatrieſme, en vn lieu nommé les Thonnins, ſcituee dans la val-

lee que l'ô appelle la pleine de Bour-
deaux au bas Dauphiné, le iour s'e-
ftant fait veoir fort benin & ferain à
só leuer, fut tout d'vn coup couuert,
l'obfcurité donc fort efpeffe, qui s'e-
ftant à la fin creuee par l'entrecho-
quement des vents y enclos auec le
tonnerre, lafcha vne fi gráde quátité
de grefle & fi groffe, marquetee de
gouttes de fang, qu'elle perça à iour
plufieurs maifons, affomma par la
violence de fa cheute plufieurs auec
le foudre entremeflé, qui brufla fept
ou huiɛt maifons.

A S. Macary fur la Garonne en
vne vafte campagne fe fit vne ouuer-
ture dans la terre, femblable à vne
abifme, qui fuft bien toft remplie
d'vne eau fi falle, fi trouble & fi pu-
ante, qu'à grand peine la pouuoit on
abborder, l'on y defcendit plus de
deux cens toifes de cordages, fans

pouuoir fonder le fond, apres on y
ietta vn chien qui tout auffi toft fuft
englouty & fuffoqué, fans pouuoir
reuenir en façon quelconque au def-
fus de l'eau, qui eftant comme irritee
commença à ietter de gros boüillons en haut, auec vn grand murmu-
re, s'efleuant prefque iufques à ces
bords, auec vne efcume toute noira-
ftre, on voit pour l'ordinaire là aupres vne infinite de corbeaux, qui
auec leurs croaffemens font vn bruit
efpouuantable, fur le foir principa-
lement, & de nuict l'ó ny paffe iamais
fans y remarquer quelque monftrueux fpectacle & monftrueux fan-
tofme.

Mais bien que ces prodiges foient
arriuez en ce floriffant Royaume de
France, Dieu qui en a toufiours eu
vn foin particulie rne permettra pas,
s'il plaift à fa diuine bonté, que ce

soit pour prognosticque ou presage
d'aucun malheur qui y doiuent sur-
uenir , mais seulement que ce soit
pour l'estonnement & confusion
des rebelles & ennemis de la cou-
ronne, pour leur seruir de cauesson
& de mords, pour refrener & brider
l'effrenee audace de telles gens, qui
voudroient s'esleuer & se liguer contre l'Estat, & troubler la paix & le
repos qui y regne par la valeur, sa-
gesse, & grandeur de nostre grand
Roy, qu'il plaise au Roy des Roys
le tenir & couurir sous les aisles de sa
protection, & le rendre tousiours
comme il a esté triomphateur & do-
minateur de ses ennemis, à fin que le
tout soit pour l'hóneur de son sainct
nom, pour l'accroissement de la foy
Catholique , & pour le bien de la
Chretienté.

FIN.